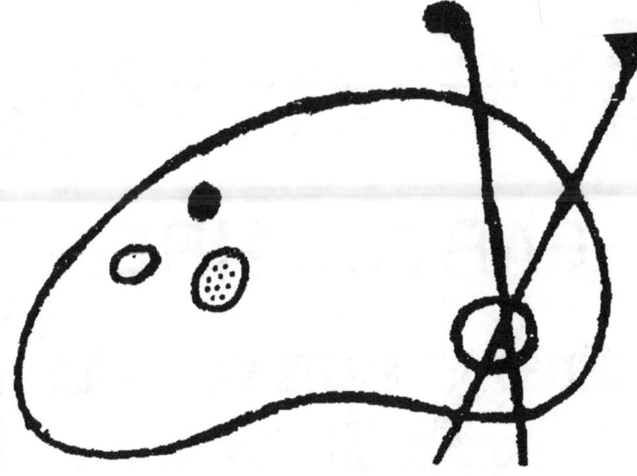

Début d'une série de documents en couleur

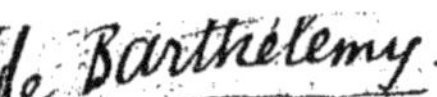

CARTULAIRE

DE

L'ÉGLISE DE SAINTE-MÉNEHOULD

PUBLIÉ

POUR LA PREMIÈRE FOIS

D'APRÈS

LE MANUSCRIT ORIGINAL

CONSERVÉ

AUX ARCHIVES DÉPARTEMENTALES DE LA MARNE

AVEC ANNOTATIONS

par Ed. de Barthélemy.

PARIS

H. CHAMPION, Éditeur

15, QUAI MALAQUAIS, 15

—

1879

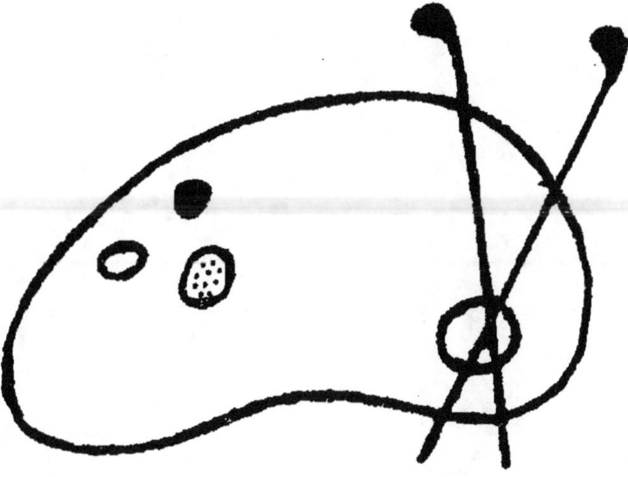

Fin d'une série de documents
en couleur

CARTULAIRE

DE

L'ÉGLISE DE SAINTE-MÉNEHOULD

PUBLIÉ

POUR LA PREMIÈRE FOIS

D'APRÈS

LE MANUSCRIT ORIGINAL

CONSERVÉ

AUX ARCHIVES DÉPARTEMENTALES DE LA MARNE

AVEC ANNOTATIONS

PARIS

H. CHAMPION, ÉDITEUR

15, QUAI MALAQUAIS, 15

1879

CARTULAIRE

DE L'ÉGLISE DE SAINTE-MÉNEHOULD

« C'est le cartulaire et registre de toutes les rentes, revenues et possesslons apartenant a lesglise de Sainte Manehould, que plusieurs bonnes personnes ont donné et laissées à icelle esglise, pour icelles rentes et revenues estre levees par les coultres et gouverneurs dicelle et les convertir au proffit de ceste esglise. Et avec ce sensuent les charges dont la dicte esglise est chargée à cause d'icelles revenues tant d'obis comme dalumer lampes et autres choses. Fait ce présent cartulaire par lordonnance des eschevins de ladicte ville, du procureur dicelle et des coultres et gouverneurs de ladicte esglise ou moys d'avril lan mil CCCC et dix huit.

I. Don des seigneurs de Bignipont (1) de 20 sols tournois de cens perpétuel pour l'huile de la lampe devant le grand autel, laquelle est actuellement devant le crucifix, et fut ostée du mur pour ce que par plusieurs fois loyle de la dicte lampe stilla et respandit sur les livres estans sur le pulpitre dessus le mur et les chapes du coreaulx ; les dits sols assignés sur les dimes desdicts seigneurs à Sainte Manehould à la S. Remy. La dicte rente actuellement prise sur ung meix avec les fossés qui y sont qui siet au bout de la coste le roy devant la maison de Fouberni, tenu par Balet Maquart.

II. Gerard Cochon, prêtre et Jehan Cochon, (2) son frère, à présent coultre de la dicte église, doivent un cens de 45 deniers sur le pré dit à la Lampe au terroir de Sainte Menehould près l'hermitage, venant de feu Colesson de Cusy.

III. Jean de Sauix, seigneur de Matignicourt, (3) chevalier, demeurant à Châlons, doit un cens de 5ˢ tournois sur une petite maison venant de Voiart des Estassons, sise au château, en la grande rue, entre la maison dudit chevalier et celle de Barat de la Bove, chevalier, (4) à la S. Remy.

IV. Guy d'Inaumont, (5) avocat, licencié en lois, doit un cens de 6 deniers tournois à Pasques sur une partie de son meix sis au château, tenant à un meix à Jehan Langle à cause de la chapelle de Fer assise en ladite église.

V. Martin de Bastougue, boulanger, doit un cens de 7ˢᵗ sur un pré sis audit terroir, lieudit « ou betaus » don de Alis, femme de Bertremin Robinet, payable à la S. Martin d'hiver.

VI. Chardet Cléot doit un cens de 65ˢᵗ sur une maison sise derrière la Halle, payable en deux termes égaux, à Noël et à la S. Jean-Baptiste.

VII. Jennin le Harengier, bourcier, doit 36ˢᵗ sur deux maisons sises rue de Lauche, payable en deux termes comme ci-dessus.

VIII. Estevenin de Conroules doit un cens de 12ˢᵗ sur la vigne du Mont-l'Hermite, à la S. Martin d'hiver, laissée par la femme de Colesson Bertremin.

IX. La femme et les héritiers de Guillaume de Fucil, doivent à Noël, un cens de 5ˢᵗ sur leur maison du ban S. Pierre, près une place « ou souloit estre la grange dismeresse, » laissée par la femme Estienne Alaidon.

X. La femme et les enfants de feu le Piéraudel doivent à la S. Remy un cens de 10ˢᵗ sur leur maison et meix séant en la petite Auche.

XI. Guillemin Peuchet, tient un meix et une vigne donnés à l'église par la femme de Jehan Andronin, sis en la petite Royons, pour un cens de 8ˢᵗ par moitié, à Noël et à la S. Jean.

XII. Gérard Toignel, (6) sergent d'armes du roi, laissé 2 fauchées 1/2 de pré sises « en planaces devant la gravelette, » pour l'entretien d'une lampe « estant en la

» dicte esglise devant la Mère-Dieu cornue à l'entrée du
» chancel Notre-Dame » le samedi à vêpres, les diman-
ches et jours de fêtes à la messe et à vêpres. Pour ce, 10ˢ ᵗ

XIII. Gérard Toignel le viel, père dudit Gérard, laisse
à l'église un cens de 15ˢ ᵗ sur une maison derrière la
halle, à la S. Remy.

XIV. Plus 2 fauchées 1/2 de pré au terroir de Chaudefontaine, lieudit Es Islettes « entre Bignipont et le
moulin de Chaudefontaine, lequel pré on acheta pour et
au nom de la dicte esglise au petit roy de Chaudefontaine
et la despouillie plusieurs années Gobelet Masson et en
rendoit par an XXVˢ, mais pour le présent c'est grosse
herbe. »

Autres rentes appartenant à la dicte esglise achetées de nouvel par Jehan Cauroy, nagaire coultre
d'icelle pour et au nom d'icelle esglise.

I. Quarante sols de rente sur divers héritages et
maisons à prendre à Dommartin-sur-Yèvre et à Dam-
pierre-le-Chastel appartenant à Ferry Guillot, demeurant à Dampierre, et en général sur tous ses biens ainsi
qu'il est porté en l'acte de vente de l'an 1409, le 30
juin, passé au profit de Jean Cauroy Corvisier, de Sainte-
Ménehould, naguère coultre de ladite église.

II. Plus une autre rente de 40ˢ ᵗ achetée pour ladicte
église par ledit Jean Cauroy à Jean Roidelet, couvreur
à Sainte-Ménehould, sur sa maison derrière la halle, et
sur une vigne sise « dessus la vigne le roy, » par lettres
du 10 novembre 1411.

III. Plus 18ˢ ᵗ de rente achetée par le même au nom
de ladicte église, à Colin Martin, demeurant à Sivry (7)
sur divers héritages sis à Ante, par lettres du 11 novembre 1411.

IV. Plus 20ˢ ᵗ de rente sur Abriet Gorin, de Berzieux,
demeurant à Virginy, acheté par le même pour l'église,
sur une maison et tenement sis à Berzieux, par lettres
du 28 février 1412.

V. Plus 40ˢᵗ de rente sur Simon Colidet, de Somme-Tourbe, achetée pour l'église sur diverses maisons et granges et terres à Somme-Tourbe, par lettres du 9 juillet 1414.

VI. Plus 30ˢᵗ de rente sur les héritages de Jean Rigaut, de Herpont, suivant obligation passée le 25 juillet 1414.

VII. Plus 20ˢᵗ de rente sur diverses maisons, granges, bergeries et autres biens à Gizaucourt, appartenant à Jean Tahot, achetée par feu Henri Mauhuere et donnée à ladite église par Colesson le Marguas, naguère coultre d'icelle pour le prix de 10ˡᵗ en décharge de ce qu'il devait pour la reddition de ses comptes, ladicte rente courant à dater du jour de Noël 1419.

VIII. Plus 4ˡ 10ˢ de rente sur une maison sise au bout et à gauche, laquelle maison fut donnée par Marion, femme de feu Jean le Havetel, (8) dès l'année 1419, par moitié à ladite église et « au cyboire d'icelle, » à charge d'associer son mari, feu Jean Le Clerc, de Hans, et Jacquesson de Hans, leur fils, aux prières annuelles de l'église.

Autres rentes achetées pour ladite église par Jehan Cochon au temps où il a esté coultre et gouverneur de ladite esglise, tant de ce qu'il a reçue de legs, pourchas, dons et aumosnes comme d'aucunes rentes qui ont esté rachetées à son temps par l'auctorité des habitans.

I. Cens de 12ˡᵗ en deux termes égaux à la S. Remy et à Pasques sur divers héritages appartenant à Jacquier le Destroit, Dommanget le Petit, Colin Fautinet, Regnauld le Camulet, de Warimont, par acte du 30 avril 1420.

II. Rente de 20ˡᵗ monnoie courante, « sur tous les habitans et communaulté de Wallemix, à la S. Remy, » par acte de l'an 1420.

Cy après sensuent les rentes et revenues laissées à ladicte esglise, lesquelles sont chargées de faire faire en ladicte esglise plusieurs obis pour les âmes de ceulx qui les ont données et laissées par les coultres et gouverneurs d'icelle, et aux frais et despens d'icelle esglise ; fait ou dit mois d'avril 1418 avant Pasques.

I. Service et obit de noble dame Jehanne de Joinville, dame de Tenorgues et de la Male Maison en Brie, venve de messire Jacques de Hans, chevalier, et jadis de messire Guillaume de Saulx, chevalier, laquelle mourut le 5 mars 1418. (9)

Pour ce, elle légua 60 ^{lt} pour acheter une rente de 6 ^{lt} au plus avantageux, que doit servir Marie de Rosoy, (10) dame d'Espence, veuve de messire Jean de Saulx, seigneur d'Espence, fils de ladite donatrice : l'église devant un service et obit solennels, le 5 mars, jour de son décès, comprenant haute messe avec diacre, sous-diacre, choristes, vigiles et recommandises, avec dix prêtres qui recevront chacun 2 ^{s} et 6 ^{d} ; représentation de cercueil en la chapelle Notre-Dame sur le lieu où elle gist, près de la sépulture de Guillaume de Saulx, avec couverture, drap d'or, 4 cierges de 2 livres sur 4 chandeliers. (Note du temps : cette rente a été rachetée par la dame Marie de Rosoy, contre une somme de 60 ^{lt} « monnoie bien fleue. »)

II. Service et obit de feu madame Marguerite, jadis femme de feu Henri Dilles, jadis substitut du procureur du roy, le 8e de mars, moyennant 17 ^{s} et 6 ^{dt} de cens annuel sur la maison de Herinart le vigneron, rue de Lanche, près de celle de maître Guy d'Inaumont. Ledit service devant être un petit obit avec 3 prêtres et le marlier, qui doivent recevoir chacun 20 ^{dt}.

III. Service et obit de Didette, veuve de Simonin Warissant, le 21 mars, en carême, sinon le mardi après le dimanche *Oculi*, date de son décès en 1418, moyen-

nant 100 ˢ ᵗ de cens à prendre au choix des coultres et
gouverneurs de l'église entre tous les cens possédés par
elle à son décès : obit solennel, avec haute messe à
diacre, sous-diacre et choristes, douze prêtres et le
marlier, recevant chacun 2 ˢ et 6 ᵈ ᵗ, avec vigiles et recommandises, 4 cierges d'une 1/2 livre autour de la
« représentation du corps ; » don de « une tour et deux
coquilliers » à 13 pauvres. (Note du temps : cette rente
a été rachetée pour 5 ¹).

IV. Service et obit de feu Simonin d'Ambonnay (11)
et Isabelle, sa femme, remariée à Lorequin Fortin, lequel
mourut le jour de Pâques 1409, lequel service doit se
faire en carême au jour choisi par les coultres, moyennant 50 ˢ ᵗ de cens sur leur maison sise à Sainte-Ménehould au ban Saint-Pierre, et sur une grange sise rue
de Laval ; le service avec diacre, sous-diacre et choristes,
vigilles à IX leçons, recommandises et haute messe à
sept prêtres avec le marlier, recevant chacun 2 ˢ 6 ᵈ ᵗ,
comme il a été arrêté par Henry de Vaux, prêtre et
exécuteur testamentaire dudit Symonin, cet article ayant
été omis dans le testament ; représentation du corps avec
4 cierges d'une livre 1/2.

V. Service et petit obit d'Isabelle, femme de Perinot
Lesmont, au six avril, moyennant un legs de 10 ˢ ᵗ de
cens sur une maison sise à Sainte-Ménehould, en Chan-
traîne ; le petit obit « pour l'âme d'elle, dudit Perinet et
de leurs amis charnels, » par le curé de l'église, le
chapelain, le marlier, avec haute messe, vigiles et recommandises à note, devant recevoir 2 ˢ ᵗ.

VI. Service et obit de feu Poncelet Wagot, sergent
du roi en la prévôté de Sainte-Ménehould, mort le 9
mai, moyennant un legs de 10 ˢ ᵗ de rente sur tous ses
biens, rachetés des héritiers au prix de 50 ¹ ᵗ en un cens
de 22 ˢ 6 ᵈ ᵗ sur une maison « séant en Bourelrue » pro-
che celle de Gervais de Charos, prévôt de la ville. Obit
solennel avec messe haute, avec diacre, sous-diacre,
choristes, vigiles, recommandises, douze prêtres et le

marlier, recevant chacun 20 $^{d\,t}$; celui qui dira la grande messe recevant 2 ^{s} 5 ^{d}; sonnerie des grosses cloches.

VII. Obit et anniversaire de noble et puissant seigneur Guillaume de Saulx, chevalier, seigneur d'Espence et Bouconville, (12) à célébrer en la chapelle Notre-Dame, où il était enseveli, le 24 mai, jour de son décès en 1387, avec vigiles la veille, moyennant une rente de cent sols tournois assignée par Jean de Saulx, jadis seigneur d'Espence et de Betancourt (13), fils dudit Guillaume, sur sa terre de Betancourt; le service fait par cinq prêtres et le marlier, savoir : « les vêpres à note » la veille dans ladite chapelle; le lendemain haute messe avec diacre, sous-diacre, choristes, représentation du corps, avec 4 cierges d'une livre 1/2; chaque prêtre et le marlier recevant 2 ^{s} 6 $^{d\,t}$.

Le même chevallier ordonne qu'un pareil obit serait célébré à l'Hôtel-Dieu de Sainte-Ménehould par six prêtres « convenables » au choix du gouverneur de cette maison, moyennant une rente égale assise sur Betancourt, le lendemain de l'an, les vigiles ayant lieu le jour de l'an après vêpres.

VIII. Service et anniversaire de feu Gillet de Laurie dit le Cambrisien, tisserant de toiles, décédé le 5 août, moyennant un cens de 8 $^{s\,t}$ sur la maison des héritiers Garny, à Verrières, en la rue de la Rotière; petit obit avec haute messe de requiem « dont on baille 20 $^{d\,t}$. »

IX. Service et petit obit de feue Isabelle, femme de Jean Chevillon le 16 août, moyennant 15 $^{s\,t}$ de cens, à la S. Remy, sur sa maison derrière la Halle.

X. L'obsèque et anniversaire de feue demoiselle Marie de Flory, veuve de Gérard Toignel, sergent d'armes du roi, à faire le premier vendredi après saint Mathieu, moyennant un legs de 40 $^{l\,t}$ à employer en une rente de 4 $^{l\,t}$, que servent en deux termes la femme et les héritiers de feu Philippe d'Argers, (14), chevalier, sur les biens de ce dernier à Argers et à Dommartin-sur-Aûve. Ledit service célébré avec 12 prêtres et le marlier, recevant chacun 20 ᵈ ᵗ, représentation des corps et 4 cierges de 2 livres. — Les deux défunts enterrés sous une dalle aux armes dudit Gérard, en la chapelle Saint-Jean-Baptiste « de laquelle ils furent fondeurs en partie. »

XI. Anniversaire et obit de feue demoiselle Catherine, femme de feu Poncelet Wagot, sergent du roi en la prévôté de Sainte-Ménehould, le jour de S. Maurice, 22 septembre, date de son décès, moyennant une somme de 50 livres tournois, convertie en une rente perpétuelle de 100 sols, plus 22 ˢ 6 ᵈ ᵗ sur la maison séant en la Bourel, déjà frappée de l'obit dudit Poncelet Wagot.

XII. Service et obit de feu Henri Lucquet, sergent du roi en la prévôté de Sainte-Ménehould, à faire entre la S. Remy et Noël au choix du gouverneur de l'église, moyennant une rente de 4 livres tournois sur deux maisons actuellement réunies, appartenant aux héritiers de Guillemin de Sueil, sur deux autres maisons également réunies, en la rue du Moulin et sur un meix sis en Forel, près la ruelle de l'Hôtel-Dieu : service solennel avec treize prêtres qui recevront chacun 20 ˢ ᵗ.

XIII. Service et obit de feue Marguerite, femme de Lambert de Montfaucon, (15) fille de feu Contenet Milet, le 3 octobre jour du décès, moyennant une rente de 20 ˢ ᵗ sur moitié d'une maison et cave, sises rue de Royons indivise avec Colignon Aubry : haute messe avec 20 ᵈ ᵗ au curé et chapelain qui la célébrera.

XIV. Obit et service de feue dame Jeanne la Pourcelette, veuve de Richard le Chatreur, le 5 octobre, moyennant une rente de 40 ˢ ᵗ sur une maison appartenant à la veuve de Jacques Herbelet, sise en la rue de la Côte-du-Château, dite en Bouterne, près d'une maison appartenant à la chapelle S. Nicolas de ladite église : haute messe dite pour ladite « et tous ses amis » aux vigiles, recommandises et 6 prêtres y compris le marlier, qui recevront chacun 20 ᵈ ᵗ.

XV. Deux services et obits fondés par Jean le Mengnien, juré du roi en la prévôté de Sainte-Ménehould et

Jeanne la Barborelle, sa première femme, les 27 et 28 octobre, moyennant cent sols de rente sur cinq maisons de Sainte-Ménehould : hautes messes avec vigiles, six prêtres et le marlier, qui recevront chacun 20 d t, et 4 cierges d'une livre 1/2 autour de la représentation du corps du susdit défunt.

XVI. Service et obit de feu Jean de Crespy, procureur du roi à Sainte-Ménehould, le 8e novembre qu'il mourut en 1407, moyennant 40 l léguées pour acheter une rente, desquels XL livres on bailla et délivra aux gouverneurs d'icelle église XX livres tournois et si leur bailla ou XL sols tournois de cens sur une maison séant à Verrières qui depuis ont esté rachetez et en a eu pour ladicte église beaucoup plus que ledict cens ne valoit : haute messe avec vigiles, recommandises, six prêtres et le marlier qui ont chacun 20 d t, représentation du corps qui est inhumé « en my la nef du moustier entre la chapelle messire Fretel (16) et l'autel S. Crespin, » avec 4 cierges d'une livre 1/2.

XVII. Service et anniversaire de dame Jeanne, femme de Colesson le Gardien, auparavant femme dudit Jean de Crespy, le 18e août, moyennant un legs de 40 livres tournois à employer en une rente : service solennel pareil à celui ci-dessus.

XVIII. Service et obit de Henri Mauhere et de Marguerite, sa femme, le 14 novembre et autre jour dudit mois, moyennant un legs commun de 4 l t de rente sur les biens de Jean le Noix à Somme-Yèvre, de Henri Regnaudin à Epence ; service solennel avec vigiles, recommandises, représentation du corps, ensevelis devant l'autel S. Michel, 4 cierges d'une livre 1/2, et aumône d'un pain et deux coquilliers à chacun de 13 pauvres au choix du gouverneur.

XIX. Service et obit d'honorable homme sage maître Gilles Damenge, licencié en lois, avocat en cour laye, le 18 novembre, moyennant un legs de 100 sols de rente sur la maison la Boquignelle, convertie par rachat en

40 l et 20 s t à prendre sur « une maison le Meix-Dercier. » rue de Lanche près la porte Neuve. « Item furent baillies et délivrées à la dicte église pour et o nom des IV livres tournois de rente ainsy rachetées les chavaines de Waslemeix que chacun bourgeois d'illec devoit à la ville de Sainte-Ménehould, et les chavaines de Dancourt lesquelles les habitans dudit Sainte-Ménehould pour et en lieu d'environ XL livres tournois que iceux habitans auront dudit argent apartenant à icelle église pour convertir en la grosse cloche quand elle fut fondue, et valent chascun an lesdites chavaines de Walemeix environ LX sols tournois et celles de Dancourt environ XX sols tournois ; » service solennel avec vigiles, etc. ; treize prêtres, recevant chacun 2 s 6 d t ; représentation du corps enterré entre les chapelles S. Jean et de Fer, avec 4 cierges d'une 1/2 livre ; aumône à 13 pauvres de 13 pains valant chacun 5 d t.

XX. Service et obit solennel de noble dame Agnès de Saulx, dame de Cernon, (17) de Bussy-le-Châtel (18) et de Bouconville, veuve de messire Colart de Saulx, chevalier, bailli de Vitry, ayant lieu pour les vigiles le premier dimanche de l'Avent et la messe le lendemain, moyennant don de cent sols de rente sur la taille de Bouconville, qui vaut annuellement trente-deux livres et appartient annuellement à dame Marie de Rosoy, dame de Espence, comme tutrice de ses enfants : messe de requiem à note solennelle, chaque prêtre présent quel qu'il soit, recevra III sols, le marlier autant pour sonner ; représentation du corps (enterré en la chapelle de Fer (19) fondée par ledit bailli), avec 4 cierges d'une livre 1/2.

XXI. Service et anniversaire de Guillaume Sebillon bourgeois de Sainte-Ménehould, le premier mardi de l'Avent, moyennant un legs de 4 livres 10 s t à prendre sur une maison au ban Saint-Pierre, près le chemin de Roy qui va à la porte Florion, appartenant à présent à Jean Cochon, qui a obtenu diminution de 20 sols de cens pour avoir restauré ladite maison qui tombait en ruines : service solennel avec vigiles, etc., dix prêtres recevant chacun 20 ᵈ ᵗ, représentation du corps (enseveli en la basse volte devant la chapelle le Champenois (20) près de la montée des orgues) avec « luminaire bon et suffisant. » *(a)*

XXII. Service et anniversaire de Simonin Warissant, le 16 novembre, moyennant un legs de 6 livres de rente sur Joan Porrart dit le Cretel des Maisneux, demeurant à Maffrécourt ; sur Jean le Fauquisel dit le Becel à Herpont, sur Richard Mocquant à Berzieux, sur Jean la Grovigne à Walmy ; service solennel avec vigiles avec 12 prêtres et le marelier, recevant chacun 25 ᵈ ᵗ, sonnerie, 4 cierges de 2 livres, un pain de froment et 2 coqueliers à chacun de 12 pauvres.

XXIII. Service et obit de messire Jean Chinart, curé de Sommieuvre, (21) le 18 mai, moyennant un legs de 4 livres de rente sur son aham de Berzieux, « en la fin d'illeuc et ès-fins voisines : service solennel avec huit prêtres et le marlier, recevant chacun 2 ˢ 6 ᵈ ᵗ ; vigiles, représentation du corps (inhumé sous les cloches), avec 4 cierges de 2 livres.

XXIV. Service et obit de Jean Menas, boucher, le premier jour disponible après la saint Laurent, moyen-

(a) « Messire Charles Deu, prévôt de Sainte-Ménehould, ayant acheté la maison de M. Pierre Pillout, qui est un pavillon quarré faisant le coin du ban Saint-Pierre allant à la porte Florion, a remboursé, et estant ce cens de 40 ˢ par an, et a payé 40 ˡ à M. Pierre Rollet, tabellion, marguillier de l'église, l'an 1612, qui en a rendu compte, et ainsi ce cens est éteint. »

La famille Deu appartenait à la noblesse de Châlons, maintenue dans sa noblesse par lettres royales du 29 septembre 1575. Charles Iᵉʳ Deu, écuyer, seigneur de Saint-Remy-sur-Bussy, épousa à Sainte-Ménehould Anne Colin, d'une famille noble et y devint avocat du roi au bailliage. Son fils Charles-Aubri Deu, écuyer, seigneur de Saint-Remy et de la dîme d'Auve, fut prévôt du roi et juge à Sainte-Ménehould en 1606 ; il acheta le 16 juillet 1611, la seigneurie de Vieux-Dampierre et son fils, Charles III, revint à Châlons comme conseiller au présidial.

nant 60 ˢ ᵗ de rente sur une maison sise en Royon, divers héritages à Sivry, Voilemont, prés à Sainte-Ménehould ; service solennel avec vigiles, huit prêtres, recevant chacun 2 ˢ 6 ᵈ ᵗ ; représentation du corps avec 4 cierges de une livre 1/2.

XXV. Service et obit de demoiselle Marie Petit Jaime, femme de Maître Guy Dinaumont, conseiller du roi et licencié en lois, le 4 octobre, moyennant une rente de 4 livres tournois, sur une maison au bout de Lauche, près la croix, devant le puit Masset, appartenant à la veuve Jenesson la Communauté, et sur divers héritages à Florent appartenant à Périsson Hebert : service solennel avec vigiles, etc. ; 2 ˢ et 6 ᵈ à chaque officiant et choristes ; 3 ˢ 4 ᵈ au curé disant la messe, représentation du corps (inhumé dans la chapelle Notre-Dame, vers le chœur) avec 4 cierges d'une livre 1/2.

XXVI. Service et obit de Guillaume Grailet, juré du roi en la prévôté de Sainte-Ménehould, le jeudi avant le 15 août ou le jour le plus approchant, moyennant une somme de 5 écus en or et 5 florins d'or « de Rin » et de Metz, 100 ˢ vieille monnaie et 100 sols tournois en gros du rois courrans en ce royaume au jour du décès ; ce service solennel pour lui et pour sa femme Jeanne, fille de Charlot, boucher et tous ses amis, avec 6 prêtres et le marlier, vigiles, etc., le luminaire à la discrétion des gouverneurs de la paroisse.

XXVII. Service et obit petit de Jeon Lambelet le jeune, fils de Jean Lambelet, le 6 octobre, moyennant un legs d'un cens de 20 sols tournois assignés, par Jean Aubry, épicier, exécuteur testamentaire, « sur une maison le meix derrier place et terrement séant à Malmy, » appartenant à Jean le Bouguesson, y demeurant ; haute messe avec vigiles, recommandises, le curé, le chapelain et le marelier, « ou autres trois personnes y doines, » l'officiant touchant 3 ˢ 4 ᵈ, et les autres 2 ˢ 6 ᵈ.

XXVIII. Service et obit de Marguerite de Luistres, veuve de Colignon Aubry, et avant de Colesson de Luistres, moyennant un legs de 20 ˢ de cens sur une maison gise au ban Saint-Pierre, appartenant à Jacques Artillet ; une somme de 25 écus d'or à employer en rentes qui ont été assises sur des héritages à Daucourt, maisonnette à Sainte-Ménehould, rue de Laval, héritage à Verrières ; haute messe avec vigilles, etc., sept prêtres et le marelier touchant 2 ˢ et 4 ᵈ, représentation du corps sous les cloches avec 4 cierges d'une livre 1/2.

XXIX. Service et obit de demoiselle Marie Dynaumont, veuve d'honorable homme et sage maître Jean de Vincelles, lieutenant-général du bailliage de Vitry, demeurant à Chaalons, le 8 janvier, moyennant un cens de 10 ˢ sur une maison entre la porte neuve de Lauche et la vieille porte des Bois, appartenant à Jeanne la Blondelette ; autre de 15 ˢ sur une maison en pierre ; 2 fauchées au pré d'Enfer, en la prairie de Sainte-Ménehould, louée pour 10 ˢ par an ; service solennel avec cinq prêtres et le marelier, touchant chacun 20 deniers.

XXX. Service et obit de maître Guy d'Inaumont, licencié en lois, conseiller du roi au baillage de Vitry, décédé le 12 mai 1426, moyennant une rente de 4 ˡᵗ sur une maison rue de Lauche et une autre à Royons ; service solennel avec six prêtres et le marelier, touchant 2 ˢ 6 ᵈ, l'officiant recevant 3 ˢ 4 ᵈ, représentation du corps (inhumé avec celui de sa femme en la chapelle Notre-Dame, devant l'autel par devers le chœur) avec 4 cierges pesans en tout livre et demy de cire.

XXXI. Service d'une simple messe haute fondée par Jeanne la Baretière, veuve de Legros Gilet de Tonnance pour lui et elle aux octaves de la S. Martin, moyennant un jardin plein d'arbres contenant 25 verges, à la Hazelle au territoire de Sainte-Ménehould, tenant à messire Gérard Cochon et Henri de Joy, loué pour 6 ˢ et 8 ᵈ ; le curé recevant 3 ˢ et 4 ᵈ.

XXXII. Service et obit de Jeanne, femme de Charlot Tueloup le plus prochain vendredi avant la Purification, moyennant un legs de 15 ¹ à employer à l'achat de 15 soldées de terre ; ledit service dit également pour Monsieur le Brodeur et Peresson Peschart, précédemment ses maris ; service solennel avec vigiles, etc., cinq prêtres et un marelier, touchant 20 ˢ et représentation du corps avec 4 cierges pesant une livre 1/2.

XXXIII. Service de Jeanne, veuve de Jean de Forges, fille de Froment Flacot, à célébrer le 13 novembre en l'Hôtel-Dieu de Sainte-Ménehould auquel elle lègue maisons, cens, terres, prés et autres biens meubles et immeubles sis à Sainte-Ménehould et à Dommartin-sous-Hans et ailleurs : service solennel avec six prêtres et le marelier, touchant 2 ˢ 6 ᵈ, vigiles, etc., représentation du corps avec 4 cierges de une livre 1/2 : en la chapelle S. Adrien dudit Hôtel-Dieu.

XXXIV. Service et obit de Jean Bichon, coultre de l'église et échevin de Sainte-Ménehould, le 1ᵉʳ septembre, moyennant un legs de 20 ¹ ; haute messe avec vigiles, cinq prêtres et le marelier touchant 20 ᵈ, représentation du corps avec 4 cierges pesant ensemble 1 ¹ 1/2.

XXXV. Service et obit de Jeanne, femme du précédent, puis dame converse audit Hôtel-Dieu, le lendemain du service de son mari : service identique moyennant un legs de 30 ¹.

XXXVI. Service d'Edeline, veuve de Jean Boulongne, le 1ᵉʳ février, avec cinq prêtres et le marlier, haute messe, vigiles, représentation du corps avec 4 cierges, etc., moyennant un legs de 40 ˢ de rente.

XXXVII. Service de Colin le Trencheis, charpentier, avec messe haute par le curé ou le chapelain, le 15 octobre, touchant 5 ˢ ᵗ, moyennant le legs d'une maison sise à Verrières.

XXXVIII. Service et obit solennel de Thiebaut Trusson, garde des sceaux de la prévôté, le 3 avril, avec vigiles, représentation du corps, quatre cierges, neuf prêtres touchant 2 ˢ ᵗ, sonnerie de grosses cloches, « et après la messe la recommandation de l'âme comme on faisait aux services que l'église faisait faire avant la guerre, » aumônes de pains à 12 pauvres.

XXXIX. Service et obit solennel de Pasques et de Meline Luquette, femmes du précédent, le 21 août, en tout semblable à ceux de leur mari ; moyennant pour les deux fondations le legs de 80 livres tournois : Jean Toignel exécuteur testamentaire. *(a)*

(a) « Les religieux, abbé et couvent de Moiremont ont racheté les six livres de rente mises sur leur moulin de La Neuville-au-Pont et a esté emploiée l'argent au pignon et voulsure dessus et devant la chapelle au Coulon *(b)* que ou a fait faire nouvellement. Item, et les autres XL sols ayant aussi esté rachetés, l'argent a esté emploise au pignon de dessus le parvis qui estoit fondu.

(b) Pour la chapelle aux Cochons probablement.

NOTES

(1) Château sis au territoire de Chaudefontaine ; une famille noble y demeurait au XIIIe siècle ; en 1349 nous y trouvons comme seigneur, Jean de Miéville et en 1440 Jean Toignel, également seigneur d'Epense, lequel fit entourer le château de fossés. A la fin du XVIe siècle, la maison forte passa par une demoiselle Toignel aux Beauvau, lesquels, forcés de s'expatrier à la Révocation de l'édit de Nantes, la firent vendre à M. Beaugier, l'historien de la Champagne, en 1697. La terre resta dans sa famille jusqu'à la Révolution.

(2) Ne serait-ce pas à cause de ces deux personnages que le surnom de *Chapelle des Cochons* a été donnée à la chapelle de la Vierge où l'on remarque un chapiteau sur lequel l'architecte a sculpté un chêne chargé de glands, vers lequel se dirigent trois porcs conduits par un paysan ? Ce chapiteau ne serait-il pas une allusion, un *rébus* en l'honneur de ces deux personnages qui auraient été les bienfaiteurs de la chapelle ?

(3) Village du Perthois. — La famille de Saulx avait de nombreuses propriétés dans le Perthois et dans l'Astenois. La chapelle qui se trouve à droite du chœur de l'église fut fondée en 1352 par Colard de Saulx, qui mourut trois ans plus tard. Jacques de Saulx était seigneur d'Epense en 1436 ; les Toignel succédèrent vers cette époque à la famille de Saulx : Colard de Saulx, qui était garde des sceaux de la prévôté depuis 1345, est un fils Colard, comme lui bailli de Vitry et marié à la fille du sire d'Argers. La famille de Saulx possédait une cense considérable de ce nom aux portes de Sainte-Ménehould, plus une maison dite hôtel de Saulx, en ville sur l'Auve ; la municipalité l'acheta dans la suite et y installa le collège. Cette maison forma une branche dans le Perthois, qui survécut jusqu'au siècle dernier et prétendit être cadette de l'illustre maison de Saulx-Tavannes ; un jugement du commencement du XVIIIe siècle la débouta complètement de cette prétention.

(4) Jean de la Bove dit Barat, chevalier, seigneur de la Bove, Montchablon, capitaine de Reims en 1382, d'une branche cadette de Chastillon, marié à Jacqueline de Chastillon.

(5) Village du canton de Château-Porcien (Ardennes).

(6) La famille Toignel était, comme on le voit, de très-modeste origine, mais elle se trouva tout d'un coup dans une brillante situation dans l'Astenois, par le mariage de Jean Toignel, vers la fin du XVᵉ siècle, avec Nicole, fille de Gaucher de Bazoches, vidame de Châlons, d'une des plus considérables maisons de la Champagne ; il acquit la seigneurie d'Epense. Voici le tableau de ses descendants d'après la note généalogique de Bertin du Rocheret, président de l'élection d'Epernay au XVIIIᵉ siècle, qui a laissé les renseignements les plus précieux pour l'histoire des familles de notre province, tous conservés à la Bibliothèque nationale (cabinet des titres).

Jean Toignel eut pour enfants : Pierre, qui suit ; Agnès, femme de Jean d'Ogny, gentilhomme de la Thiérache, dont sont issus les seigneurs de Bohan.

Pierre Toignel, seigneur d'Epense, eût de Marie de Vésigneul : Claude, qui suit ; Nicolas, le célèbre docteur catholique du Concile de Trente ; François, qui laissa de Françoise de Sacquespée une fille mariée à M. de Beauvau ; Nicole, mariée à Nicolas Le Vergeur, écuyer.

Claude Toignel, seigneur d'Epense et par engagement de diverses seigneuries importantes autour de Sainte-Ménehould, gouverneur royal de la ville en 1530, marié à Jacqueline du Moulin, d'où : Anne, femme de Georges de Nettancourt ; Claude, qui avait épousé Yolande Juvenal des Ursins et en a eu une fille unique, femme de Jean de Roisy.

(7) Les villages au sujet desquels nous n'ajoutons aucune observation sont tous de l'arrondissement de Sainte-Ménehould.

(8) Ancienne famille de la bourgeoisie notable de Châlons.

(9) Jeanne de Joinville, fille de Jean, seigneur de Doulevant, petite fille de Gauthier de Joinville, née à Vaucouleurs, remariée après 1387 à Jacques de Grandpré, frère de Henri, seigneur de Hans.

(10) Marie de Coucy était dame de Rosoy depuis la mort en 1351 de son mari Gauthier VII de Chastillon, vidame de Laon ; elle avait plusieurs filles ; il s'agit probablement d'une d'elles.

(11) Village du canton d'Ay (Marne).

(12) Canton de Monthois (Ardennes).

(13) Canton d'Heiltz-le-Maurupt.

(14) En 1359 Raoul, chevalier d'Argers, avait marié sa fille au fils de Colard de Saulx, bailli de Vitry et s'attira un singulier procès pour avoir fait célébrer le mariage sans le consentement de Colard.

(15) Chef-lieu de canton de la Meuse.

(16) Thierry Fretel fonda en 1351, la chapelle sainte Barbe dans l'église, à la collation de l'abbaye de Moiremont ; Jean Fretel, son fils, pannetier du roi, fonda celle de sainte Madeleine à la collation de l'évêque de Châlons.

(17) Canton d'Écury. — La seigneurie appartenait depuis le XIV⁰ siècle à la famille de Saulx ; la maison de Clermont d'Amboise lui succéda.

(18) Le 15 février 1365, Agnès, dame de Servon et Bouconville, veuve de Colard de Saulx, acheta la terre de Bussy de Beraud, comte de Clermont, dauphin, pour la somme de 3,400 livres tournois. Parmi les vassaux, figurent dans l'acte, Colin de Saulx, écuyer et Guillaume de Saulx, chevalier.

(19) La chapelle fondée par Colard de Saulx et dans laquelle sa veuve lui fit ériger un mausolée, avait reçu le surnom de Chapelle-de-Fer, « à cause de la belle grille qui la fermait, » elle se trouvait près de la porte latérale de l'église, du côté du portail de la Vierge.

(20) La chapelle Notre-Dame-le-Champenois fut fondée au XIV⁰ siècle dans l'église.

(21) Jean Jaquemin le jeune, époux d'Agnès, sœur dudit curé. (Note du manuscrit).

Sainte-Ménehould, imp. Duval. 346307

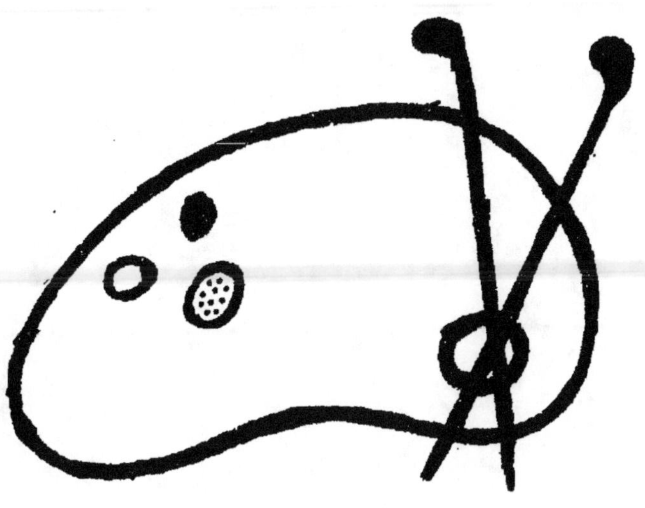

Original en couleur

NF Z 43-120-B